Kommunikation und Integration

Adeyemo Yusuf

Kommunikation und Integration mobiler Geräte in formale und nicht formale Systeme

ScienciaScripts

This book is a translation from the original published under ISBN 978-620-2-08171-9.

Publisher:
Sciencia Scripts
is a trademark of
Dodo Books Indian Ocean Ltd. and OmniScriptum S.R.L publishing group

120 High Road, East Finchley, London, N2 9ED, United Kingdom
Str. Armeneasca 28/1, office 1, Chisinau MD-2012, Republic of Moldova, Europe

ISBN: 978-620-8-13309-2

INHALTSVERZEICHNIS

Kapitel 1   5

Kapitel 2   10

Kapitel 3   32

Kapitel 4   36

Kapitel 5   40

Danksagung

Ich möchte dieses Medium nutzen, um allen Forschern und meinen Studenten, Sudais Tirmidi, Zaib Yusuf und Hairat Yusuf und schließlich Hubaid Tirmidi und Naima Yusuf Adeyemo und allen Mitarbeitern des Bundesfinanzministeriums in Abuja Nigeria für ihre Funkdaten und allen meinen Freunden und meiner Familie zu danken, die auf die eine oder andere Weise bei der Informationsbeschaffung und der Beantwortung von Fragen durch Mediengeräte geholfen haben, und vor allem dem großen Elefanten namens Kristine V. von Lambert academic publishing Germany.

Abstrakt

Die Integration von Informations- und Kommunikationstechnologien wie Mobilgeräten, Laptops, elektronischen Zahlungsautomaten, Scannern usw. in formale und nicht-formale Bildungseinrichtungen hat die menschlichen Aktivitäten und den Erwerb von Fähigkeiten in unserer heutigen Gesellschaft überholt. In diesem Beitrag wird untersucht, wie Lehrkräfte, Lernende und allgemeine Nutzer die Wirtschaftsausbildung, die Kommunikation über soziale Medien, die allgemeine Kommunikation über Plattformen, die Kommunikation in kodierten Sprachen und schließlich die Lehr- und Lernprozesse durch den Einsatz der oben genannten Geräte verbessern können. Es besteht die weit verbreitete Ansicht, dass die Informations- und Kommunikationstechnologie im Unterricht mehrere Lehr- und Lernprozesse begünstigt. Insbesondere trägt sie zur Verbesserung der Lehr- und Lernprozesse in Schulen, Organisationen, der Industrie und kooperierenden Einrichtungen bei, die Informations- und Kommunikationstechnologie als Innovationsfaktor integriert haben. Um diese höchste Stufe zu erreichen, müssen Schulen oder andere Einrichtungen in unserem Umfeld nicht nur die technologischen Werkzeuge modernisieren, sondern auch die verwendeten technologischen Geräte ändern, um die Kommunikation für eine einfache Zugänglichkeit und Nutzung und den Lehr- und Lernprozess zu integrieren. Die Rolle des Lehrers in Bezug auf die Organisation des Klassenzimmers, die Lehr- und Lernprozesse und die Interaktionsmechanismen gehören zu den Faktoren, die im Zusammenhang mit dem Einsatz von Informations- und Kommunikationstechnologie im Bildungswesen diskutiert wurden.

BEGRIFFSBESTIMMUNGEN

E-education, electronic education

ICT,   information and communication technology

Weblog,   access web facility

Technology, modern device

Integration,   collaborate usage

Methodology, systemic ways or ideal

Teachers and Learners. Human resource in learning

Tools,   human and non human resources in teaching

Mobile devices, smart device

Devices,   Android   Device   Television   and   Radio,   Innovation.

KAPITEL 1

EINFÜHRUNG

1.1 Hintergrund in Kürze

Die bedeutende Rolle der Informations- und Kommunikationstechnologie (*eEducation*) lässt sich auf das Jahr 1960 zurückdatieren, als das erste mobile automatisierte Gerät von einem schwedischen Forscher namens Dr. Martin Cooper, einem Motorola-Forscher, eingeführt wurde, und in der Folge wurde es für andere Multimedia-Zwecke entwickelt, insbesondere im Prozess der Innovation und der Einbindung der Technologie in die Bildungsaktivitäten und die administrative Aufgabenerfüllung. Der Bildungssektor kann der effektivste Sektor sein, um die negativen Auswirkungen der Informations- und Kommunikationstechnologie zu antizipieren und zu beseitigen. Andererseits kann die Technologie (e-education) der effektivste Weg sein, um das Wissen und die Selbstentwicklung der Schüler im Hinblick auf ihre Karriere im Leben zu verbessern.

Im Bewusstsein der bedeutenden Rolle, die die Informations- und Kommunikationstechnologie (e-education) in unserem Leben spielt, insbesondere bei den Bildungsaktivitäten, sollten Bildungsverwalter einen Schritt in Richtung einer erfolgreichen Implementierung und eines strategischen Ansatzes zur Stärkung der Informations- und Kommunikationstechnologie unternehmen, um den Prozess des Lehrens und Lernens im Allgemeinen zu verbessern. Die Informations- und Kommunikationstechnologie ist nicht nur ein Werkzeug im Bildungsbereich, sondern ein Hauptträger zur Verbesserung eines effektiven und sinnvollen Bildungsprozesses.

1.2 Ziele und Zweck der IKT im formalen Bildungswesen

(i) . um die Schüler zum Lernen zu motivieren:

E-education macht das Lehren und Lernen zum Vergnügen, indem es die Aufmerksamkeit der SchülerInnen simuliert und anzieht, da sich Hände, Körper, Gehirn und alle Teile des Menschen auf das Gerät oder die Vorrichtung zum Lernen konzentrieren.

(ii) . auf die verbale Veranschaulichung und Beschreibung eines Ideals zu reduzieren:

Die Mehrheit der Lehrer verbrachte mehr Zeit damit, ein bestimmtes Konzept in der Bildung zu lehren, indem sie eine verbale oder bildliche Illustration des Themas anfertigten, aber die Fortschritte der e-Education werden das Konzept verdeutlichen und eine Echtzeit-Illustration ohne Zeitverschwendung ermöglichen.

(iii) . um Lern- und Lehrzeiten zu erhalten:

Bei der Einführung von E-Education wird die Lernzeit durch die Vermittlung eines bestimmten Konzepts innerhalb der festgelegten Zeitspanne eingehalten und keine Zeit verschwendet.

(iv) . zur Aktualisierung der individuellen Fähigkeiten und Kenntnisse beitragen:

Die Lehrkräfte sind in ihrem Fachgebiet auf dem neuesten Stand, da E-Education ein globales Lernumfeld und ein gemeinschaftliches Lernforum bietet.

(v) . es hilft beim selbstgesteuerten Lernen:

Mit Hilfe von E-Technologie und computergestütztem Lernen, wie z.B. computergestütztem Unterricht, wird ein Programm für bestimmte Schüler entworfen und ein Zeitrhythmus eingefügt, damit sie auf der Grundlage ihres kognitiven Verständnisses und ihres Intelligenzniveaus lernen.

Der Hauptzweck der Strategie für die Umsetzung der Informations- und Kommunikationstechnologie im Bildungswesen besteht darin, die Perspektiven und Trends der Integration der Informations- und Kommunikationstechnologie in das allgemeine Bildungswissen aufzuzeigen.

1.3 Unvermeidliche Tatsachen in den modernen Bildungsbereichen

(i) Um dies auszugleichen, sollte das gesamte Bildungssystem reformiert werden und die Informations- und Kommunikationstechnologie in alle Bildungsstufen integriert werden.

(ii) Mobile, der Einfluss der Informations- und Kommunikationstechnologie, insbesondere der mobilen Geräte (Open-Source-Tool), kann im Leben unserer Schüler nicht ignoriert werden. Daher sollten die Lernaktivitäten neu ausgerichtet und umformuliert werden, von den manuellen zu den offenen Quellen. In diesem Fall ist die weit verbreitete Nutzung mobiler Geräte eine unvermeidliche Maßnahme, die von den Schulen (tertiären Einrichtungen) in ihren Lehrplänen berücksichtigt und verankert werden sollte.

(iii) Die Integration von Spielen, das Vorhandensein von Multimediaspielen und Online-Spielen mit mobilen Geräten ist ein weiteres ernstes Problem, das von den Bildungseinrichtungen mit Bedacht behandelt werden sollte. Die Schüler können in diesem Fall nicht ausgelöscht werden. Sie können sich damit beschäftigen, wo und wann immer sie wollen. Die Schulen haben in der Tat nicht genug Macht und Zeit, um dies nach der Schulzeit zu verhindern oder zu unterbinden. In der Zwischenzeit haben die meisten Eltern nicht genug Zeit, um ihre Kinder bei der Nutzung von Mobilgeräten für Simulationen und Spiele zu begleiten und zu kontrollieren. So haben die SchülerInnen viele Möglichkeiten, sich mit Multimediaspielen oder Online-Spielen zu beschäftigen oder auf *Negativ- und Pornoseiten* zu surfen. Aufgrund ihrer Sucht haben die Schüler zu wenig Zeit zum Lernen und wollen nicht einmal mehr an Vorlesungen teilnehmen.

In einem solchen Szenario spielen Bildungseinrichtungen eine wichtige Rolle bei der Bewältigung dieser Herausforderungen. Eine davon ist, den Schülern Edutainment oder Lernspiele zu ermöglichen. Schulen können ihre SchülerInnen mit Lernspielen vertraut machen, die von ihren LehrerInnen angepasst werden. Außerdem können sie ihre SchülerInnen dabei unterstützen, ihre eigenen Blogs im Internet zu führen. Viele Weblog-Anbieter sind für die Benutzer kostenlos; besuchen Sie Google für weitere Informationen über kostenlose Weblogs. In ihren Blogs können die Schülerinnen und Schüler Artikel, Gedichte, Nachrichten, Kurzgeschichten oder Reportagen verfassen oder auch ihre Meinung in einem Online-Forum im Internet kundtun. Ich denke, dass unsere junge Generation auf diese Weise immer mehr Informationen und Wissen durch das Surfen im Internet erhalten wird. Sie können auch Innovationen im Bereich des Webdesigns schaffen, die zwar nicht zum formalen Lehrplan gehören, aber für ihre Zukunft von Nutzen sein werden.

(iv) Die Umsetzung der Informations- und Kommunikationstechnologie in der Bildung war kein vorrangiger Trend der Bildungsreform, und die Regierung schenkte ihr wenig Aufmerksamkeit. Daher sollte es eine aktive Teilnahme und Beteiligung, Initiative und guten Willen der Schulen mit der Unterstützung der Regierung und verschiedener Institutionen geben, um die Implementierung von Informations- und Kommunikationstechnologie in allen Schulen sowohl in den Staaten als auch in den lokalen Regierungsbezirken zu verbessern.

(v) Die Lehrer sollten der Hauptmotivator und Initiator für die Einführung der Informations- und Kommunikationstechnologie in allen unseren Institutionen und Bildungseinrichtungen sein. Die Lehrer sollten sich des sozialen Wandels in ihrer Lehrtätigkeit bewusst sein, indem sie an verschiedenen Schulungsprogrammen über die neuesten Entwicklungen und Initiativen teilnehmen. Sie sollten den Wandel vom analogen Lehrsystem zum digitalen Weg mit Hilfe der Informations- und Kommunikationstechnologie vorantreiben. Sie müssen auch Teil des globalen Wandels beim Lernen und Lehren sein.

1.4 Ziel der Forschung

Die folgenden Ziele sollen bei der Nutzung mobiler Geräte in der globalen Gemeinschaft erreicht werden.

1. Das Ausmaß der Nutzung mobiler Geräte im formalen und nicht-formalen Bildungssektor im Allgemeinen (globale Gemeinschaft) zu kennen.

2. Den Grad der Integration/Innovation der Technologie mobiler Geräte im Bildungsbereich zu kennen.

KAPITEL ZWEI

ÜBERPRÜFUNG DER EINSCHLÄGIGEN LITERATUR

2.1 Einführung

Dieses Kapitel enthält einen Überblick über die für die Studie relevanten Aspekte. Das Kapitel wird unter den folgenden Unterpunkten besprochen: Theoretischer Rahmen, konzeptioneller Rahmen, mobiles Lernen - Entwicklung des Smartphones als Werkzeug, Smartphone in der Hochschulbildung - Herausforderungen, Einstellung und Bereitschaft, wahrgenommene Nützlichkeit des Smartphones zur Unterstützung des Lernens, Smartphone als Werkzeug in der Bildung - Arten und Bedingungen von Apps für das Lernen, Smartphone als Werkzeug für die Bildung - Modell für die systemische Entwicklung, Probleme, die gegen den Einsatz von Smartphones in der Lehre sprechen, und Zusammenfassung.

2.2 Theoretischer Rahmen

Der Prozess der Übernahme neuer Innovationen wird seit über 30 Jahren erforscht, und eines der bekanntesten Übernahme-Modelle wird von Rogers in seinem Buch *"Diffusion of Innovations"* beschrieben. Rogers definiert Diffusion als "den Prozess, bei dem eine Innovation über bestimmte Kanäle im Laufe der Zeit unter den Mitgliedern eines sozialen Systems kommuniziert wird" (Sahin, 2006).Mustafa und Al-Mothana (2013) definierten Diffusion als einen "Prozess, bei dem eine Innovation über bestimmte Kanäle unter den Mitgliedern eines sozialen Systems kommuniziert wird". Robinson (2009) betonte, dass die Diffusion von Innovationen zu erklären versucht, wie Innovationen in einer Bevölkerung aufgegriffen werden, wobei eine Innovation eine Idee, ein Verhalten oder ein Objekt ist, das von seinem Publikum als neu wahrgenommen wird.

Die Innovationsdiffusion umfasst eine Reihe von Begriffen und Prozessen, zu denen Elemente der Diffusion, der Innovations-Diffusionsprozess, die Kategorisierung der Adoptoren und die Adoptionsrate gehören. Es sei darauf hingewiesen, dass die meisten Arbeiten, die in diesem theoretischen Rahmenwerk untersucht wurden, die Arbeit von Roger Clarke über die Diffusion von Innovationen aus dem Jahr 2003 als Grundlage für ihre Arbeit anerkennen. Sahin (2006) hat vier Hauptelemente der Diffusion von Innovationen wie folgt aufgeführt:

2.2.1 Innovation in Teams zur Nutzung von Geräten:

Es handelt sich um eine Idee, ein Verfahren oder ein Projekt, das von einem Individuum oder einer anderen Einheit als neu empfunden wird". Es kann vor langer Zeit erfunden worden sein, aber wenn Einzelpersonen es als neu wahrnehmen, dann kann es für sie immer noch eine Innovation sein. Das Merkmal der Neuheit einer Übernahme hängt eher mit den drei Schritten (Wissen, Überzeugung und Entscheidung) des Innovationsentscheidungsprozesses zusammen.

2.2.2 Kommunikationskanäle:

Dabei handelt es sich um "einen Prozess, bei dem die Teilnehmer Informationen erstellen und miteinander austauschen, um zu einem gegenseitigen Verständnis zu gelangen". Diese Kommunikation erfolgt über Kanäle zwischen Quellen. Eine Quelle ist eine Person oder eine Institution, von der eine Nachricht ausgeht, während ein Kanal das Mittel ist, mit dem eine Nachricht von der Quelle zum Empfänger gelangt". Zu den Kommunikationselementen gehören eine Innovation, zwei Individuen oder andere Einheiten der Annahme und ein Kommunikationskanal - *Massenmedien* und *interpersonelle Kommunikation*. Während die Kanäle der Massenmedien ein Massenmedium wie das Fernsehen, das Radio oder die Zeitung umfassen, ist die interpersonelle Kommunikation,

Kanäle bestehen aus einer wechselseitigen Kommunikation zwischen zwei oder mehreren Personen. Kommunikationskanäle können auch als *lokale Kanäle* und *kosmopolitische Kanäle* kategorisiert werden, die zwischen einer Person des sozialen Systems und externen Quellen kommunizieren. Während interpersonelle Kanäle lokal oder kosmopolitisch sein können, sind fast alle Kanäle der Massenmedien kosmopolitisch. Aufgrund der Eigenschaften dieser Kommunikationskanäle sind die Kanäle der

Massenmedien und des Kosmopolitismus in der Wissensphase von größerer Bedeutung, während die lokalen Kanäle und die interpersonellen Kanäle in der Überzeugungsphase des Innovationsentscheidungsprozesses wichtiger sind.

Zeit: Hier zeigt sich eine der Stärken des Systems. Der Innovations-Diffusionsprozess, die Kategorisierung der Anwender und die Adoptionsrate beinhalten alle eine zeitliche Dimension.

Soziales System: Dies ist "eine Reihe von miteinander verbundenen Einheiten, die an der gemeinsamen Lösung von Problemen arbeiten, um ein gemeinsames Ziel zu erreichen".

Da die Verbreitung von Innovationen in einem sozialen System stattfindet, wird sie von der sozialen Struktur des sozialen Systems beeinflusst. Struktur ist "die strukturierte Anordnung der Einheiten in einem System". Er behauptete ferner, dass die

Die Beschaffenheit des sozialen Systems wirkt sich auf die Innovationstätigkeit des Einzelnen aus, die das Hauptkriterium für die Einstufung der Adoptierenden ist.

Ein Modell der fünf Phasen des Innovations-Entscheidungsprozesses (Quelle: Diffusion of Innovationen, Fünfte Ausgabe von Everett M. Rogers, 2003).

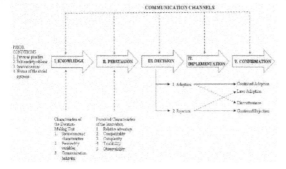

Mustafa & Al-Mothana (2013) betonten, dass die Verbreitung einer neuen Innovation durch die Berücksichtigung von fünf Qualitäten erreicht werden kann, die mit der Innovation aus der Perspektive der Innovatoren verbunden sind; basierend auf Rogers (2003). Diese fünf Qualitäten, die auch als Innovations- und Diffusionsprozess bezeichnet werden, sind:

Relativer Vorteil: Je größer der realisierte relative Vorteil einer Innovation ist, desto schneller wird sie sich wahrscheinlich durchsetzen;

Kompatibilität: Sie bezieht sich auf das Ausmaß, in dem eine Innovation als vereinbar mit den Werten, den bisherigen Erfahrungen und den Bedürfnissen möglicher Adoptionsnehmer wahrgenommen wird;

Einfachheit und Benutzerfreundlichkeit: Neue Ideen, die für die potenziellen Anwender einfacher zu verstehen sind, werden schneller angenommen als Innovationen, die von den Anwendern die Entwicklung neuer Fähigkeiten und Kenntnisse erfordern.

Erprobbarkeit: Sie bezieht sich auf das Ausmaß, in dem eine Innovation in begrenztem Umfang erprobt werden kann;

Beobachtbare Ergebnisse: Je einfacher es für den Einzelnen ist, die Ergebnisse einer Innovation zu sehen, desto größer ist die Wahrscheinlichkeit, dass er sie annimmt.

Robinson (2009) ist der Meinung, dass die Diffusionsforscher die Bevölkerung in fünf verschiedene Segmente unterteilt haben, je nach ihrer Neigung, eine bestimmte Innovation zu übernehmen. Er erklärt, dass jede Gruppe ihre eigene "Persönlichkeit" hat, zumindest was ihre Einstellung zu einer bestimmten Innovation angeht, und dass es am besten ist, die Zugehörigkeit zu jedem Segment als statisch zu betrachten. Innovationen verbreiten sich, wenn sie sich weiterentwickeln, um die Bedürfnisse aufeinanderfolgender Segmente zu erfüllen. Die Einteilung der Segmente ist wie folgt:

Innovatoren: Der Übernahmeprozess beginnt mit einer kleinen Anzahl visionärer, phantasievoller Innovatoren. Sie investieren oft viel Zeit, Energie und Kreativität in die Entwicklung neuer Ideen und Gadgets. Und sie lieben es, darüber zu sprechen.

Frühe Übernehmer: Sie sind auf der Suche nach einem strategischen Sprung nach vorn in ihrem Leben oder Unternehmen und stellen schnell Verbindungen zwischen cleveren Innovationen und ihren persönlichen Bedürfnissen her. Sie lieben es, sich einen Vorteil gegenüber ihren Mitmenschen zu verschaffen, und sie haben Zeit und Geld zu investieren. Sie sind oft modebewusst und lieben es, als Anführer gesehen zu werden: Soziales Prestige ist einer ihrer größten Antriebe. Ihr natürlicher Wunsch, Trendsetter zu sein, führt zum "Take-off" einer Innovation. Early Adopters sind in der Regel wirtschaftlich erfolgreicher, gut vernetzt und gut informiert und daher gesellschaftlich angesehener. Ihr scheinbar riskanter Einstieg in eine neue Aktivität sorgt für Aufsehen. Andere beobachten, ob sie Erfolg haben oder scheitern, und die Menschen beginnen, über die Ergebnisse zu sprechen. Und Early Adopters sprechen gerne über ihre Erfolge.

Die frühe Mehrheit: Sie sind Pragmatiker, die sich mit mäßig fortschrittlichen Ideen anfreunden können, aber nicht handeln werden, ohne dass ein solider Nachweis des Nutzens vorliegt. Sie sind Mitläufer, die sich von Mainstream-Moden beeinflussen lassen und sich vor Modeerscheinungen hüten. Sie wollen "Industriestandard" und "von normalen, respektablen Leuten gebilligt" hören. Die Mehrheit ist kostenbewusst und risikoscheu. Sie suchen nach einfachen, bewährten und besseren Möglichkeiten, das zu tun, was sie bereits tun. Sie verlangen garantierte Leistung von der Stange, minimale Unterbrechung, minimalen Zeitaufwand, minimalen Lernaufwand und entweder Kostenneutralität oder schnelle Amortisationszeiten. Und sie hassen Komplexität. Sie haben keine Zeit, um über Ihr Produkt oder Projekt nachzudenken. Sie sind zu sehr damit beschäftigt, die Kinder zum Fußball zu bringen und ihr Geschäft zu führen. Wenn sie Freizeit haben, werden sie diese nicht damit verbringen, sich mit komplizierten, teuren, unbequemen Produkten oder Verhaltensweisen herumzuschlagen. Sie wollen "Plug-and-Play", "kein Stress" oder "benutzerfreundlich" und "preiswert" hören.

Späte Mehrheit: Sie sind konservative Pragmatiker, die Risiken hassen und sich mit neuen Ideen unwohl fühlen. Praktisch ihr einziger Antrieb ist die Angst, nicht dazuzugehören; daher folgen sie den Mainstream-Moden und etablierten Standards. Sie lassen sich oft von den Ängsten und Meinungen der Nachzügler beeinflussen.

Nachzügler: Das sind Menschen, die in der Einführung eines bestimmten Produkts oder Verhaltens ein hohes Risiko sehen. Einige von ihnen sind so besorgt, dass sie die ganze Nacht wach bleiben, sich hin und her wälzen und sich Argumente dagegen ausdenken. In der Anfangsphase, in der Sie sich auf die frühen Anwender konzentrieren, können Sie die Ansichten der Nachzügler wahrscheinlich ignorieren, aber wenn Sie mit der späten

Mehrheit arbeiten, müssen Sie sich mit deren Kritik auseinandersetzen, denn die späte Mehrheit teilt viele ihrer Ängste.

Robinson (2009) kam zu dem Schluss, dass er jedem Segment genaue fiktive Prozentsätze oder Übernahmequoten zuordnete: Innovators - 2,5 %, Early Adopters - 13,5 %, Early majority - 34 %, Late majority - 34 % und Laggards - 16 %.

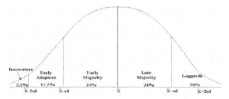

Kategorisierung der Adopter auf der Grundlage von Innovationen.

(Quelle: Diffusion of Innovations, fünfte Auflage von Everett M. Rogers)

Nach Alec und Cyril (2003) können Diffusionstheorien eine leistungsstarke Linse für die Untersuchung der Übernahme von Bildungstechnologien in Schulsysteme bieten, wenn die Anwendung leicht in Kategorien, nämlich Makro- und Mikrotheorien, unterteilt werden kann. Sie erklärten, dass Makrotheorien diejenigen sind, die sich mit weitreichenden Reformen und der Umstrukturierung von Bildungseinrichtungen befassen und einen Reformprozess von oben nach unten darstellen, d. h. ihr Bezug zur Technologieübernahme bezieht sich auf vollständige organisatorische und strukturelle Veränderungen und ist weniger daran interessiert, die einzelnen Komponenten zu verändern.

Ein Beispiel für eine Theorie der Diffusion auf Makroebene ist das ursprünglich von Hall & Hord (1987) entwickelte Concerns-Based Adoption Model (CBAM). Die Idee hinter CBAM ist, denjenigen, die den Wandel fördern, ein besseres Verständnis des Prozesses aus der Sicht der potenziellen Anwender zu ermöglichen. Daher ist CBAM ein Beispiel für ein Modell des systemischen Wandels; die dabei verwendeten Prozesse sind jedoch in erster Linie Bottom-up-Strategien. Das Grundgerüst von CBAM umfasst die so genannten "Stufen der Besorgnis".

Theorien auf der Mikroebene, die sich auf die Einführung von Bildungstechnologie beziehen, sind dadurch gekennzeichnet, dass sie sich auf Strategien konzentrieren, die zu einer verstärkten Einführung von Technologie und zu einer Veränderung der Unterrichtsstrategien des Einzelnen führen. Anstatt sich auf systemische Veränderungen zu konzentrieren, sind Theorien auf der Mikroebene dadurch gekennzeichnet, dass sie sich auf kleinere Einheiten der Veränderung konzentrieren (z. B. Lehrer, Schulleiter, Schüler usw.). Ein Beispiel für eine Theorie der Diffusion auf Mikroebene ist die Theorie der nutzerorientierten Unterrichtsentwicklung (UOID) von Burkman (1987). Obwohl Burkman das Modell mit Blick auf Instruktionsdesigner (IDs) entwickelt hat, könnte die entwickelte Theorie auch in anderen Kontexten nützlich sein. Das Modell wird im Folgenden als eine Reihe von Schritten umschrieben. Schritt 1: Identifizierung des potenziellen Anwenders.

Schritt 2: Messung der Wahrnehmungen potenzieller Nutzer.

Schritt 3: Entwurf und Entwicklung eines benutzerfreundlichen Produkts.

Schritt 4: Informieren Sie den potenziellen Übernehmer.

Schritt 5: Unterstützung nach der Adoption.

Auch wenn es aus der vorangegangenen Beschreibung (d. h. den Schritten) nicht ersichtlich ist, so stellt das Modell von Burkman doch einen Bruch mit der Standardpraxis des Instruktionsdesigns dar. Burkman beschreibt drei wesentliche Unterschiede zwischen der üblichen ID-Praxis und der Praxis, die durch das UOID-Modell repräsentiert wird. Der vielleicht wichtigste Unterschied besteht darin, dass Burkman die Idee ablehnt, dass die technische Überlegenheit eines Produkts eine hinreichende Bedingung für seine Akzeptanz ist. Die Produktqualität ist zwar wichtig, aber die Beziehungen zwischen dem Entwickler und dem Anwender sind viel wichtiger. Und schließlich werden die potenziellen Anwender als die primären Kräfte angesehen, die die Akzeptanz beeinflussen.

2.3 Konzeptioneller Rahmen

2.3.1 Mobiles Lernen - die Entwicklung des Smartphones als Werkzeug

Mobile Geräte haben in letzter Zeit die Fähigkeit erlangt, als Bildungswerkzeuge zu fungieren, obwohl das Konzept eines mobilen Bildungsgeräts in den späten 1960er Jahren von Alan Kay entwickelt wurde. In den Jahrzehnten nach Kays Vision wurden Computer immer persönlicher und kostengünstiger, so dass in den 1990er Jahren der technologische Fortschritt zur Entwicklung von drahtlosen Geräten wie PDAs und Telefonen führte, die die Mobilität von Aktivitäten unterstützen konnten. Heutzutage sind Mobiltelefone bei Universitätsstudenten sogar noch weiter verbreitet, da mehr als 97 % der seit 1980 geborenen Studenten Besitzer eines Mobiltelefons sind, und seit der Einführung des iPhones von Apple im Jahr 2007 sind Mobiltelefone durch Smartphones ersetzt worden (Shin und Lee, 2014).

Woodcock, Middleton und Nortcliffe (2012) sind der Ansicht, dass Smartphones in den 1990er Jahren als Mischformen von PDAs (Personal Digital Assistants) und Mobiltelefonen entstanden sind, die Konnektivität und eine Vielzahl von Hardware- und Softwarefunktionen wie mobile Betriebssysteme vereinen, die es den Nutzern ermöglichen, Software auszuführen, die gemeinhin als "Apps" bezeichnet wird und hochgradig nutzbare und eng fokussierte Funktionen für unzählige Anwendungen bietet. Sie erläuterten, dass Smartphones zwar nur die Größe einer Hosentasche haben, aber über Rechenleistung und Speicher verfügen, die komplexe Software ausführen können, die Fähigkeit, riesige Datenmengen zu speichern, vollständige "Qwerty"-Tastaturen, Kameras, Audiorekorder, gestenbasierte Eingaben, hochauflösende Bildschirme und eine breite Palette von Apps, die u. a. Büroproduktivität, standortbezogene Interaktivität, Medienproduktion, Webbrowsing, soziale Medien, Kommunikation und Unterhaltung unterstützen.

Gunadevi und Raja Nor (2013) sind der Meinung, dass Smartphones im zweiten Jahrzehnt des 21. Jahrhunderts technologisch überlegene Aktivitäten im Vergleich zu Standard-Mobiltelefonen bieten, die auf fortschrittlichen Betriebssystemen wie iOS (Apple), Android (Google) und Symbian (Nokia) laufen, die die Nutzung von hochauflösenden Touchscreen-Oberflächen und Smartphone-spezifischen Anwendungen ermöglichen. Mit mobilen drahtlosen Netzwerken oder Diensten in mobilen drahtlosen Geräten im

Klassenzimmer können die Schüler jederzeit und überall auf Netzwerkinformationen zugreifen. Dies bedeutet eine neue Ära für Smartphone-Benutzer, in der die Verwendung von Smartphones für authentisches Lernen die Lernumgebung von der traditionellen Art des Lernens mit Notizen und Büchern hin zu vermittelten Bildungsaktivitäten verändert, die es den Schülern ermöglichen, reale Lebenssituationen zu integrieren, in denen Lernen in authentischen Kontexten stattfinden kann.

In einer von Bowen und Matthew (2012) unter Studenten durchgeführten Umfrage, bei der drei gängige Aufgaben wie das Surfen im Internet, das Herunterladen von Apps und das Herunterladen von Videos als Methode zur Charakterisierung der Datennutzung verwendet wurden, stellten sie fest, dass die Mehrheit (65 %) ständig einen Webbrowser verwendet. Diese Zahl sinkt jedoch leicht beim Herunterladen mobiler Apps (47 %), was daran liegen könnte, dass einige mobile Apps aufgrund ihrer Größe nur über Wi-Fi heruntergeladen werden können. Der WLAN-Zugang wirkt sich auch auf den Videokonsum über das Smartphone aus, denn ein Drittel der Schüler gab an, dass sie niemals ein Video herunterladen würden, wenn keine WLAN-Verbindung besteht.

Laut Marzilli, Delello, Marmion, McWhorter, Roberts und Marzilli (2014) zeigt eine aktuelle Studie des Pew Research Center, dass 60 % der befragten Experten und Interessenvertreter innovative Veränderungen in der Hochschulbildung bis zum Jahr 2020 vorhersagen. Zu diesen innovativen Veränderungen werden "Cloud-basiertes Computing, digitale Lehrbücher, mobile Konnektivität, hochwertiges Streaming-Video und "Just-in-time"-Informationsbeschaffung" gehören.

2.3.2 Smart-phone in der Hochschulbildung - Wahrgenommene Benutzerfreundlichkeit und Bereitschaft.

In der Hochschulbildung bestand eine der größten Herausforderungen in der Lehre schon immer darin, den Studierenden zu helfen, die Kluft zwischen Wissen und Praxis zu überbrücken. Dies ist besonders wichtig in angewandten akademischen Disziplinen wie der Pädagogik, wo berufliches Wissen ständig erneuert und durch reale Praxis neu geschaffen wird. Laut Danner und Pessu (2013) ist die nationale Politik für IKT in der

Bildung und

Das 2010 eingeführte Rahmenkonzept stellt eine ganzheitliche und weitreichende Vision für die IKT-Integration im nigerianischen Bildungssektor dar - die Politik geht über einen grundlegenden Ansatz der Technologiekompetenz hinaus und konzentriert sich vielmehr auf die Nutzung der Technologie, um die Rolle der Lehrenden und Lernenden im Klassenzimmer zu verändern.

Die von Christanne (2013) zitierte Studie von Chan (2003) zeigt, dass es für Anbieter von mobilen akademischen Inhalten und Informationen wichtig ist, die folgenden Merkmale zu verstehen:

i. Dringlichkeit der individuellen Informationsbeschaffung und des Lernbedarfs.

ii. Der Wissenserwerb auf der Grundlage der Anfrage des Informationssuchenden und der Antwort sollte unmittelbar erfolgen.

iii. Die Lernumgebung sollte es ermöglichen, Informationen dann und dort zu suchen, wo sie den individuellen Bedürfnissen am besten entsprechen.

iv. Die Interaktivität des Lernprozesses sollte so gestaltet sein, dass ein breiterer Zugang zu Experten möglich ist als bei anderen Fernunterrichtstechnologien.

v. Die Aktivitäten sollten das Lernen und die Informationssuche auf natürliche, authentische und kontextbezogene Situationen im persönlichen Leben des Einzelnen ausweiten.

vi. Schließlich sollten die Lehrinhalte drahtlos in die Nutzung von Mobilgeräten integriert werden.

Gunadevi und Raja Nor (2013) stellten fest, dass die Zahl der Smartphone-Nutzer unter den Studierenden an Hochschulen zunimmt, da 63 % aller an Colleges und Universitäten eingeschriebenen Studenten Smartphones besitzen. Sie betonten, dass das Gerät von Pädagogen in den Klassenzimmern als Lehr- und Lernmittel positiv genutzt werden kann und neue Möglichkeiten, Chancen und Herausforderungen für das Bildungsumfeld bietet. Laut Marzilli et al. (2014) sind sie der Meinung, dass es einen Paradigmenwechsel von traditionellen Lehrmethoden hin zu technologiegestütztem Lernen geben wird und es daher wichtig ist, dass die Lehrkräfte gut darauf vorbereitet sind, die neuen Technologien zu nutzen, um die Bedürfnisse aller Schüler zu erfüllen. Sie betonten außerdem, dass die Beteiligten die Merkmale einer effektiven Implementierung neuer Technologien im Hochschulbereich verstehen müssen, einschließlich der Bereitschaft der Lehrkräfte für die Implementierung sowie ihrer Ängste, Vorlieben, Lehrstile und Leidenschaften.

Laut Soydal, Alir und Unar (2014) ist die größte Herausforderung bei der Umstellung auf E-Learning das Budget. Das Hauptaugenmerk sollte jedoch auf der Bereitschaft der Einrichtung mit all ihren Partnern, wie Dozenten und Studenten, liegen. E-Learning bietet enorme Chancen, aber auch Herausforderungen für Einzelpersonen und Organisationen. Es kann Zeit, Kosten und Mühe sparen und den Fernzugriff auf Quellen und Inhalte ermöglichen. Es kann auch die Bildungsbedürfnisse der Lernenden befriedigen, den Lernprozess unterstützen und kollaborative Lernumgebungen bieten. Diese Möglichkeiten können sich jedoch in einen großen Misserfolg verwandeln, wenn die Organisation nicht mit all ihren Komponenten auf E-Learning vorbereitet ist. Die Implementierung von E-Learning in Bildungseinrichtungen wird von einer Reihe von Faktoren beeinflusst, wie z. B. organisatorischen, soziokulturellen, internen und zwischenmenschlichen Faktoren. Sie erläuterten das Modell von Akaslan und Law, das in einer der umfassendsten Studien zur E-Learning-Bereitschaft von Universitätsstudenten in der Türkei durchgeführt wurde. Das Modell basierte auf ihrer früheren Studie, in der sie die Bereitschaft von Lehrkräften mehrerer türkischer Universitäten, die in dem oben genannten Fachbereich tätig sind, bewerteten, wobei sie einige Faktoren hinzufügten, die als spezifisch für die Studierenden angesehen werden können. Die Bewertung erfolgte anhand eines 78 Punkte umfassenden Fragebogens, der auf drei Hauptfaktoren beruhte: Bereitschaft, Akzeptanz und Ausbildung. Die Ergebnisse zeigten, dass die Studierenden "ausreichend bereit" für E-Learning waren.

Das Modell von Akaslan und Law zur Messung der Bereitschaft von Studierenden für E-Learning

Parasuraman und Colby (2000), zitiert von Shin und Lee (2014), schlagen Technologiebereitschaft (TR) vor, die vier persönliche Überzeugungen über die Akzeptanz neuer Technologien umfasst. TR bezieht sich auf "die Neigung von Menschen, neue Technologien anzunehmen und zu nutzen, um Ziele im Privatleben und bei der Arbeit zu erreichen", und kann mit Hilfe von TR-Konstrukten gemessen werden, die vier Persönlichkeitsunterdimensionen umfassen: Optimismus, Innovativität, Unbehagen und Verunsicherung. Sie definieren Innovativität als "Tendenz, ein technologischer Pionier und Vordenker zu sein", Optimismus als "eine positive Einstellung zur Technologie", Unbehagen als "das Gefühl, von der Technologie überwältigt zu werden" und Unsicherheit als "Misstrauen gegenüber der Technologie".

Obwohl innovative Praktiken, neue Technologien und elektronisches Lernen in der Hochschulbildung weit verbreitet sind, werden Methoden zur genauen Definition und Messung der Effektivität von Lehrkräften noch immer heftig diskutiert. Aus der oben genannten Literatur geht hervor, dass traditionelle Studierende ihr ganzes Leben lang von digitalen Technologien für andere Zwecke als das Lernen umgeben waren. Mit dem Aufkommen von Mobiltelefonen, Smartphones, Tablet-Computern und Laptops sind die Studierenden in den Klassenzimmern der Hochschulen technologisch und sozial vernetzter als je zuvor. Diese tragbaren Technologien mit Online-Anbindung stellen die Lehrkräfte vor die Herausforderung, den Studierenden in der technologischen Welt zu begegnen, in der sie heute leben.

2.3.3 Wahrgenommene Nützlichkeit und Akzeptanz von Smartphones zur Unterstützung des Lernens.

Die Technologie spielt eine entscheidende Rolle beim Aufbau von Fähigkeiten des 21. Jahrhunderts, bei der Erweiterung des Zugangs zur Bildung und bei der Personalisierung der Erfahrung, um den Unterricht an die individuellen Bedürfnisse der Lernenden anzupassen. Die Informations- und Kommunikationstechnologie sollte daher als pädagogisch wirksames Instrument für den Aufbau und die Modellierung von Wissen eingesetzt werden (Yusuf & Onasanya, 2004 in Onasanya, 2009). Das Technologieakzeptanzmodell ist eine Theorie, die besagt, dass zwei Hauptfaktoren, der wahrgenommene Nutzen und die Benutzerfreundlichkeit, die Entscheidung eines Benutzers darüber beeinflussen, wie und wann er eine Technologie nutzen wird (Pollara, 2011).

Nach Shin und Lee (2014) könnte das von Fred Davis vorgeschlagene Technologieakzeptanzmodell (TAM) die Nutzung neuer Technologien auf der Grundlage der Motivation der Nutzer erklären, die durch externe Stimuli wie die Merkmale und Fähigkeiten der Technologie beeinflusst wird. Sie erklärten, dass Davis drei Faktoren vorschlägt, nämlich (i) die wahrgenommene Benutzerfreundlichkeit, (ii) die wahrgenommene Nützlichkeit und (iii) die Einstellung zur Nutzung der Technologie. Sie sind der Meinung, dass die Faktoren wahrgenommener Nutzen und wahrgenommene Benutzerfreundlichkeit die beiden Faktoren sind, die die Einstellung zur Verhaltensabsicht bestimmen. Während die wahrgenommene Nützlichkeit mit der Überzeugung zusammenhängt, dass der Einsatz der Technologie die Leistung der Benutzer verbessern wird, wird die wahrgenommene Benutzerfreundlichkeit durch den Grad der Leichtigkeit bei der Verwendung der Technologie erklärt. Es wird erwartet, dass die wahrgenommene Benutzerfreundlichkeit die wahrgenommene Nützlichkeit beeinflusst, und die wahrgenommene Nützlichkeit ist die stärkste Determinante im TAM-Modell.

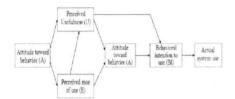

Schematisches Diagramm des Technologieakzeptanzmodells (TAM)

Moeller und Reitzes (2011) betonten, dass mobile Geräte wie Smartphones zweifellos ihre Vorteile für das mobile Lernen unter Beweis gestellt haben. Einige davon sind wie folgt;

i.   Hilfe bei der Diagnose und beim Eingehen auf individuelle Bedürfnisse: Technologie kann Lehrern dabei helfen, die Stärken und Bedürfnisse der einzelnen Schüler zu beurteilen. Es gibt zwei Hauptansätze für eine technologiegestützte Bewertung. Bei dem einen handelt es sich um einen Ansatz, bei dem es um die Beherrschung von Lerninhalten geht, der an Rechenschaftssysteme gebunden ist, bei dem anderen um die Bewertung des Verständnisses, die ein Bild des Denkens der Schüler vermittelt. Beide Ansätze helfen dabei, eine klare Ausgangsbasis zu schaffen, von der aus die Lehrer dann als Coaches und Berater fungieren können, um die Schüler zur richtigen Mischung aus Ressourcen und Projekten zu führen, die den Lehrplananforderungen entsprechen.

ii.   Vermittlung von Fähigkeiten, die für Beruf und Leben wichtig sind: Der Einsatz von Technologie für Zwecke wie Schreiben, Recherchieren und Analysieren - und nicht nur zum Üben - kann die Kompetenzen der Schüler fördern, die über das Wissen und die Fähigkeiten hinausgehen, die normalerweise in Leistungstests gemessen werden. Zu diesen Kompetenzen gehören Problemlösung, Kreativität, Zusammenarbeit, Datenverwaltung und Kommunikation. Viele Arbeitgeber sind der Meinung, dass es den heutigen Hochschulabsolventen an diesen Fähigkeiten mangelt.

iii. Bieten Sie den Schülern eine aktive Erfahrung: Die Technologie kann die Schüler in die Lage versetzen, ihren Lernprozess selbständig zu gestalten. Durch Online-Lernen (das einen verbesserten Zugang zu Kursinhalten, mehr Flexibilität bei der Zeitplanung und einen besseren Zugang zu alternativen Bildungsangeboten bietet) und alternative Medien (wie digitale Spiele und projektbasiertes Lernen) haben die Schüler die Flexibilität, ihren individuellen Fortschritt zu steuern.

2.4 . Das Smartphone als Werkzeug in der Bildung - Arten und Bedingungen von Apps für das Lernen.

Obwohl die neue Lernumgebung auch ohne den Einsatz von Technologie geschaffen werden kann, ist es klar, dass die IKT den Lernenden leistungsstarke Werkzeuge zur Verfügung stellen können, die ihnen helfen, auf umfangreiche Wissensressourcen zuzugreifen, mit anderen zusammenzuarbeiten, sich mit Experten zu beraten, Wissen auszutauschen und komplexe Probleme mithilfe kognitiver Werkzeuge zu lösen. Bowen und Matthew (2012) sind der Meinung, dass die Entwicklung mobiler Anwendungen im Allgemeinen in zwei Kategorien unterteilt werden kann: solche, die geräteunabhängig sind und über einen Smartphone-Browser bereitgestellt werden, und native Anwendungen, die für eine bestimmte mobile Plattform wie Android entwickelt wurden. Sie betonten, dass es für beide Richtungen vertretbare technische Argumente gibt, denn keine der beiden ist besser als die andere. Sie fügten hinzu, dass jede der beiden Richtungen ihre Vorzüge hat und dass die Absicht darin bestehen sollte, die Bereiche zu identifizieren, in denen ein Ansatz die gewünschte Funktionalität besser ermöglichen könnte.

Laut Kendall (2012) sind Studenten heutzutage sehr beschäftigt, da viele von ihnen Vollzeit arbeiten und Kinder großziehen, während sie gleichzeitig studieren und Kurse besuchen. Sie brauchen vielleicht einen zusätzlichen Schub an Organisation in ihrem Leben. Er hat 50 Smartphone-Apps für Studenten aufgelistet, die ihnen bei der Bewältigung ihrer täglichen Aufgaben behilflich sein können. Im Folgenden sind einige der 50 genannten Apps aufgeführt;

i.   Ever-note Peek: Damit hat man die Möglichkeit, im Stil von Karteikarten zu lernen, mit Ihrem Smart Cover als Hilfe und wenn Sie kein Cover haben, erstellt die App eines für Sie.

ii.   Grafischer Rechner: Mit dieser App können Sie schnell Diagramme, Gleichungen, Graphen und mehr erstellen. Sie kann Screenshots von der eigenen Arbeit machen, um sich an vergangene Gleichungen oder Graphen zu erinnern, wenn man sie braucht.

iii.   Wiki-panion: Dies ist in der Regel keine seriöse Quelle für die meisten Lehrkräfte, aber es kann helfen, einen guten Einstieg zu finden und Fachexperten vorzustellen, um eine Recherche zu starten.

iv.   Ever-note: Mit dieser App können Sie Sprachmemos, Aufgabenlisten und Notizen aufzeichnen. Sie ermöglicht auch den Zugriff auf Dinge, die nicht aufgeschrieben wurden.

v.   Oxford American Dictionary und Thesaurus: Mit dieser App haben Sie mehr als 200.000 Wörterbuchdefinitionen und die Möglichkeit, online oder offline zu suchen.

vi.   Merriam-Webster-Wörterbuch: Mit neuen und verbesserten Einträgen und Definitionen könnte Ihr Wortschatz der beste der Klasse sein.

vii.   Spark-Notizen: Diese App enthält Studienführer für mehrere Bücher und Zugang zu vielen weiteren Büchern. Lesen Sie den Studienführer, Zusammenfassungen eines Kapitels und vieles mehr in zehn Minuten oder weniger, je nachdem, wie viel Sie aus der zugewiesenen Lektüre herausholen möchten.

viii.   Easy-bib: Sie können Ihre Zitierliste per E-Mail versenden oder die Strichliste scannen
Code auf dem Buch, um eine Zitation im APA-, MLA- oder Chicago-Stil zu erstellen.

ix.   Pandora: Es hilft dabei, seinen persönlichen Lieblingssender zu finden, während man studiert, zum Unterricht oder zur Arbeit fährt. Nach Eingabe des Lieblingskünstlers, -genres, -lieds und mehr wird die Wiedergabeliste sofort gestartet, und die App kann auch einen Sender konfigurieren.

x.   I Hausaufgaben: Es hilft, Kurspläne, Termine, Hausaufgaben und mehr an einem Ort zu organisieren. Außerdem werden Sie benachrichtigt, wenn die nächste Aufgabe fällig ist und die Abschlussprüfung ansteht.

xi.   Wi-Fi-Finder: Er hilft dabei, einen ruhigen Ort zum Lernen mit Internetanschluss zu finden

Verbindung. Es verfügt über eine integrierte Navigation, um die nächstgelegene Wi-Fi-Verbindung zu finden, und verfügt über mehr als 650.000 Standorte in 144 Ländern weltweit.

xii. Insta-Papier: Es speichert Webseiten, Blogs, Zeitungen und Zeitschriften, um sie nach der Arbeit oder dem Unterricht, auf dem Heimweg oder in der Warteschlange zu lesen.

xiii. Daumenkino: Bringen Sie Ihre Lieblingsnachrichtenkanäle aus aller Welt und aus Ihrer Region in dieser cleveren App zusammen. Alle aktuellen Informationen werden im Stil eines Nachrichtenmagazins präsentiert.

xiv. Facebook: Ob man weit weg von zu Hause ist oder in der Nähe, mit dieser App bleibt man auf jeden Fall auf dem Laufenden.

xv. Twitter: Es ist wichtig, mit anderen in Kontakt zu treten, und noch wichtiger ist es, sich mit Menschen aus dem eigenen Fachgebiet auszutauschen. Twitter kann einem dabei helfen, mit Menschen in Kontakt zu treten, zu denen man aufschaut und die man schätzt.

xvi. Insta-gram: Verbinden Sie sich mit Ihren Klassenkameraden und mehr, und teilen Sie Ihre

Geschichte durch diese lustige Foto-Sharing-App.

xvii. Linked-In: Diese App hilft dabei, mit Menschen in Kontakt zu bleiben, die man auf der

bei Networking-Veranstaltungen oder beim Plaudern in den örtlichen Cafés, wenn Sie unterwegs sind.

xviii. YouTube: Es hilft, einen großartigen Ort zu finden, um die letzten Vorlesungen von Lehrern zu speichern oder nach einer hilfreichen Anleitung zu suchen. Es gibt Millionen von Videos, die hilfreich sein können.

2.5 Das Smartphone als Werkzeug für die Bildung - Modell für die systemische Entwicklung.

Vor mehr als drei Jahrzehnten wurden Computer und verwandte Informationstechnologien für Lehrkräfte zu direkten Lehr- und Lernzwecken eingeführt.

Die IKT begannen ihre Reise in erster Linie mit Produktivitätswerkzeugen, gingen über zu selbstlernenden Lernprogrammen und Mehrwortunterricht und entwickelten sich schließlich zu webbasierten Lernmanagementsystemen. Laut Senaphaty (2007) lassen sich in Studien zur IKT-Entwicklung sowohl in Industrie- als auch in Entwicklungsländern mindestens vier grobe Ansätze erkennen, die Bildungssysteme und einzelne Einrichtungen bei der Einführung und Nutzung von IKT wie z. B. mobilen Geräten für das Lernen typischerweise durchlaufen. Er führte weiter aus, dass mehrere Wissenschaftler mehrere Stufen identifiziert haben, aber es besteht ein allgemeiner Konsens darüber, dass die Einführung und Nutzung von IKT für die Bildung in großen Stufen erfolgt, die als Kontinuum oder Reihe von Schritten aufgefasst werden können, die wie folgt bezeichnet werden;

Aufbaustadium: Bildungssysteme oder Institutionen, die sich in dieser Phase der IKT-Entwicklung befinden, zeigen, dass sie ihre Reise im IKT-Bereich gerade erst begonnen haben und über eine Basis-Computerinfrastruktur verfügen, die entweder von den Behörden der Institution gespendet oder gekauft wurde. Einrichtungen in dieser Phase sind fest in der traditionellen, lehrerzentrierten Praxis verankert, da der Lehrplan eine Zunahme des Erlernens von IKT-Grundkenntnissen wie Büroautomatisierung, E-Mail und grundlegende Bedienung von Computern widerspiegelt, um so den Übergang zur Anwendungsphase vorzubereiten. Dieser Ansatz beinhaltet häufig die persönliche Nutzung der IKT durch die Lehrkräfte, z. B. die Verwendung von Textverarbeitungsprogrammen zur Vorbereitung von Dokumenten und Tabellenkalkulationen zur Erstellung einer Datenbank, das Auffinden von Informationen auf CD-ROMs oder im Internet oder die Kommunikation mit Freunden und Familie per E-Mail. Hier entwickeln die Lehrkräfte ihre IKT-Kenntnisse und lernen, wie sie die IKT für eine Reihe von persönlichen und beruflichen Aufgaben einsetzen können. Der Schwerpunkt liegt auf der Schulung in einer Reihe von Werkzeugen und Anwendungen und auf der Sensibilisierung der Lehrkräfte für die Möglichkeiten, IKT in Zukunft in ihrem Unterricht einzusetzen.

Anwendungsphase: Hier werden die IKT-Instrumente in verschiedene Schulfächer integriert, so dass Verwalter und Lehrer sie für Aufgaben nutzen, die bereits im Rahmen der institutionellen Verwaltung und des Lehrplans durchgeführt werden. Die Lehrkräfte dominieren weitgehend das Lernumfeld. Einrichtungen, die sich in der Anwendungsphase befinden, passen den Lehrplan an, um den Einsatz von IKT in verschiedenen Schulfächern mit spezifischen Tools und Software wie Zeichnen, Entwerfen, Modellieren und Anwendung spezifischer Tools zu verstärken. Dieser Lehrplan hilft den Einrichtungen, die nächste Stufe zu erreichen.

In der Anwendungsphase nutzen die Lehrkräfte IKT für berufliche Zwecke und konzentrieren sich auf die Verbesserung ihres Fachunterrichts, um ihren Unterricht mit einer Reihe von IKT-Anwendungen zu bereichern. In dieser Phase integrieren die Lehrkräfte die IKT häufig, um sich spezifische fachliche Fähigkeiten und Kenntnisse anzueignen, sie helfen den Lehrkräften, ihre Lehrmethoden im Unterricht zu ändern, und nutzen die IKT zur Unterstützung ihrer beruflichen Entwicklung.

Die Lehrkräfte gewinnen Vertrauen in eine Reihe von IKT-Werkzeugen, die sie im Unterricht ihres Fachbereichs einsetzen können. Die Möglichkeit, IKT in ihrem gesamten Unterricht einzusetzen, wird oft nur durch den mangelnden Zugang zu IKT-Einrichtungen und -Ressourcen eingeschränkt.

Durchdringungsphase: In der dritten Stufe beinhaltet der Infusionsansatz die Integration oder Einbettung von IKT in den Lehrplan und ist in jenen Einrichtungen zu finden, die jetzt eine Reihe von computergestützten Technologien in Labors, Klassenräumen und Verwaltungsbüros einsetzen. Die Lehrkräfte erkunden neue Wege, was ihre persönliche Produktivität und ihre berufliche Praxis verändert. Der Lehrplan beginnt, Fachbereiche zu verschmelzen, um Anwendungen aus der realen Welt zu reflektieren. In dieser Phase, in der die IKT in alle Aspekte des Berufslebens der Lehrkräfte einfließen, werden das Lernen der Schüler und die Verwaltung der Lernprozesse verbessert. Der Ansatz unterstützt aktive und kreative LehrerInnen, die in der Lage sind, das Lernen der SchülerInnen zu stimulieren und zu steuern, indem sie eine Reihe von IKT-Werkzeugen zur Erreichung ihrer Ziele einsetzen. In der Infusionsphase können die Lehrkräfte häufig verschiedene Kenntnisse und Fähigkeiten aus anderen Fächern in projektbasierte Lehrpläne integrieren. Bei diesem Ansatz integrieren die Lehrkräfte die IKT vollständig in alle Aspekte ihres Berufslebens, um ihr eigenes Lernen und das Lernen ihrer Schüler zu verbessern. So nutzen sie IKT nicht nur, um das Lernen ihrer SchülerInnen zu steuern, sondern auch ihr eigenes Lernen. Sie setzen IKT ein, um alle Schüler bei der Bewertung ihres eigenen Lernens zu unterstützen, damit sie bestimmte persönliche Projekte verwirklichen können. Bei diesem Ansatz ist es ganz natürlich, mit anderen Lehrern zusammenzuarbeiten, um gemeinsame Probleme zu lösen und ihre Unterrichtserfahrungen mit anderen zu teilen.

Transformationsphase:

In dieser Phase werden die IKT zu einem integralen, wenn auch unsichtbaren Bestandteil der täglichen persönlichen Produktivität und beruflichen Praxis. Der Schwerpunkt des Lehrplans liegt nun auf dem Lernenden, der die Fachbereiche in reale Anwendungen integriert. IKT wird als eigenständiges Fach auf der beruflichen Ebene unterrichtet und in alle Bereiche integriert. Institutionen sind zu Lernzentren für ihre Gemeinschaften geworden.

Beim transformativen Ansatz der IKT-Entwicklung betrachten Lehrkräfte und andere Mitarbeiter die IKT als natürlichen Bestandteil des Alltagslebens in den Einrichtungen und beginnen, den Lehr- und Lernprozess auf neue Weise zu betrachten. Der Schwerpunkt wechselt von einer lehrerzentrierten zu einer lernerzentrierten Sichtweise. Die Lehrkräfte erwarten gemeinsam mit ihren Schülern eine sich ständig verändernde Lehrmethodik, die auf die individuellen Lernziele ausgerichtet ist.

Abbildung des Modells

Das Kontinuumsmodell lässt sich auf zwei miteinander verwobene Pfade für die Entwicklung der Fähigkeiten von Lehrern bei der Nutzung von IKT im Hinblick auf (a) Stufen der IKT-Nutzung und (b) pädagogische Anwendungen von IKT abbilden.

Specializing in the use of ICT	**TRANSFORMING**	Creating innovative & open & free learning environs
Understanding how & when to use ICT	**INFUSING**	Facilitate learning using multi-modal instruction
Learning how to use ICT in teaching	**APPLYING**	Enhancing traditional teaching
Becoming aware of ICT	**EMERGING**	Applying productivity tools

Kontinuumsmodell für die Entwicklung der Fähigkeiten von Lehrern zur Nutzung von IKT

Die Stufen der IKT-Nutzung führen zu einer Abbildung, die in Bezug auf das Bewusstsein, das Erlernen des Wie, das Verstehen des Wie und Wann und die Spezialisierung bei der Nutzung von IKT-Werkzeugen dargestellt wird, während die pädagogische Nutzung der IKT zu einer Abbildung führt, die gemäß den Stufen des vorgeschlagenen Modells allgemein als Unterstützung der Arbeitsleistung, Verbesserung des traditionellen Unterrichts, Erleichterung des Lernens und Schaffung innovativer Lernumgebungen klassifiziert wurde. (Senapaty, H.K. 2007).

2.6 Probleme, die gegen den Einsatz von Smartphones im Unterricht/im nicht-formalen Bereich sprechen.

Es wurde über eine Reihe von Herausforderungen im Zusammenhang mit der Integration der Mobilfunktechnologie berichtet, darunter ethische Fragen, mangelnde Unterstützung, Zugänglichkeit und technische Beschränkungen, unzureichende Erfahrung, Handyverbote in Schulen und Lehrplananpassungen sowie die Arbeitszeiten einiger Organisationen.

Baran (2014) stellte fest, dass die Lehrkräfte zwar die Vorteile des mobilen Lernens akzeptieren, dass aber Bedenken hinsichtlich potenzieller ethischer Fragen wie Cybermobbing, Datenschutz, Archivierung und Aufbewahrung von Aufzeichnungen, Austausch von Unterrichtserfahrungen und Artefakten, Einwilligung der Eltern und Schüler sowie eSafety bestehen. Die Lehrerausbilder erhielten von den Hochschulen nur minimale technologische und pädagogische Unterstützung bei der effektiven Umsetzung des mobilen Lernens in der Lehrerausbildung.

Andere Probleme sind laut Jones (2004), zitiert von Agyei & Voogt (2011), folgende;

i. Mangelndes Vertrauen der Lehrkräfte bei der Integration,

ii. Mangelnder Zugang zu Ressourcen,

iii. Mangel an Zeit für die Integration,

iv. Mangel an effektiver Ausbildung,

v. Technische Probleme bei der Verwendung von Software,

vi. Fehlender persönlicher Zugang während der Unterrichtsvorbereitung,

vii. Alter der Lehrer,

viii. Schlechte Übereinstimmung mit dem Lehrplan und

ix. Schlechte administrative Unterstützung.

2.7 Zusammenfassung

Trotz der Tatsache, dass die meisten der in dieser Literatur untersuchten Studien an verschiedenen Orten durchgeführt wurden, haben die Vorschläge und Ergebnisse dieser Studien, die sich zwangsläufig unterscheiden, deutlich gezeigt, dass es notwendig ist, die Wahrnehmung, die Einstellung, die Herausforderungen und die Bereitschaft der Hochschulabsolventen in Bezug auf die Nutzung von Smartphones zum Lernen in allen Staaten, Regionen und lokalen Behörden zu untersuchen, um die Unwissenheit über Technologie zu verringern und eine solide Grundlage für eine echte nationale Entwicklung im Einklang mit den jüngsten Entdeckungen zu schaffen.

KAPITEL DREI

DESIGN DER STUDIE

3.1 Einleitung.

In diesem Kapitel wird die für die Durchführung der Untersuchung verwendete Methode hervorgehoben, indem das Modelldesign, die Population in der Datenbank für frühere Aufzeichnungen, die Verwendung des Instruments für die Datenerhebung, die Gültigkeit des Instruments und die Datenerhebung angegeben werden,

In dieser Studie wurden zwei Methoden der Datenerhebung eingesetzt, die mündliche mit Hilfe von Android Phone (Recorder) und die Web-Basis, wie bereits auf Seite 3.4. erwähnt (mit Hilfe von Cloud-Kommunikationsgeräten).

3.2 Musterentwurf.

Das Modelldesign für dieses Forschungsmodell ist eine Websuche mit Hilfe von Google, Wikipedia und anderen Suchmaschinen, um die Daten und das Informationsangebot auf verschiedenen Plattformen vergleichen zu können und so zu einem schlüssigen Ergebnis zu kommen.

3.3 Bevölkerung.

Da die Welt sowohl wirtschaftlich als auch gesellschaftlich immer stärker vernetzt ist, bleibt die Übernahme von Technologien einer der entscheidenden Faktoren für den menschlichen Fortschritt. So ist in den letzten zwei Jahren der Prozentsatz der Menschen in den von einem kanadischen Forschungszentrum befragten Schwellen- und Entwicklungsländern, die angeben, das Internet zu nutzen und ein Smartphone zu besitzen, deutlich gestiegen. Und während die Menschen in den fortgeschrittenen Volkswirtschaften das Internet immer noch stärker nutzen und mehr High-Tech-Geräte besitzen, holen die übrigen Schwellenländer auf.

Im Jahr 2013 gaben im Median 45 % der 21 Schwellen- und Entwicklungsländer an, das Internet zumindest gelegentlich zu nutzen oder ein Smartphone zu besitzen. Im Jahr 2015 stieg diese Zahl auf 54 %, wobei ein Großteil dieses Anstiegs auf große Schwellenländer wie Malaysia, Brasilien und China entfiel. Im Vergleich dazu nutzten im Jahr 2015 durchschnittlich 87 % der Befragten in 11 fortgeschrittenen Volkswirtschaften das Internet, darunter die USA und Kanada, die großen westeuropäischen Länder, die entwickelten pazifischen Länder (Australien, Japan und Südkorea) und Israel. Dies entspricht einem Unterschied von 33 Prozentpunkten im Vergleich zu Schwellen- und Entwicklungsländern.

Quelle und weitere Informationen: www.wikipedia.com oder www.google.com

3.4 Instrumente

Das Instrument, das für die Durchführung dieser Forschung verwendet wurde, wurde aus den Empfehlungen der Fachzeitschrift für computervermittelte Kommunikation übernommen, wie z.B. Server-Log-Daten und demografische Variablen; folgende

Punkte wurden berücksichtigt.

i. Datenbank mit Selbstauskünften. (Schreibtisch)

ii. Log-Daten-Server. (C.P.U)

iii. Logbuch. (Ordner auf dem Desktop)

iv. Mobiles Gerät (Telefon, Laptop, usw.)

v. Postanschrift (E-Mail)

vi. Laptop. (Computer)

vii. Android-Geräte.

viii. Aufnahme von Radiogeräten auf einem Android-Handy.

3.5 Validierung des Instruments.

Um die Gültigkeit und Zuverlässigkeit des Forschungsmodellinstruments zu bestimmen, wurde jedes Element des Instruments von erfahrenen IKT-Mitarbeitern der Abteilung für Unterrichtstechnologie der Ahmadu Bello University, Zaria und der University of Ilorin, Nigeria, bewertet und überprüft. Das strukturelle Interview basierte auf einer vorbereiteten Checkliste und wurde einem Pretest unterzogen, bevor es endgültig in die Instrumente aufgenommen wurde. In der Zwischenzeit wurde es später einer Modifikationsanpassung unterzogen, bevor es Anfang 2017 endgültig für den Einsatz freigegeben wurde. (Bei der Änderung in diesem Team handelt es sich nicht um eine physische Änderung, sondern um eine Nutzungsänderung). Weitere Einzelheiten hierzu finden Sie unter Verfügbarkeit und Nutzung von mobilen Geräten.

3.6 Datenerhebung.

Das bei der Datenerhebung angewandte Verfahren variierte je nach den Instrumenten. Bei der Datenerhebung wurden auch Tonaufnahmen aus dem Radio mit Hilfe eines Android-Geräts durch Zuhören verwendet, während die Hauptdatenerhebung eine vollständige Web-Datenbank mit Hilfe von Google und anderen Suchmedien mit Aktualisierungsaufzeichnungen war.

VIERTE KAPITEL

PRÄSENTATION DER DATEN, ANALYSE UND ZUSAMMENFASSUNG DER WICHTIGSTEN ERGEBNISSE

4.1 Einführung

In diesem Kapitel geht es um die Datenerhebung, die Präsentation und die Analyse der Ergebnisse auf der Grundlage der im Internet gesammelten Daten. Die verwendeten Hilfsmittel waren ausschließlich technologische Hilfsmittel wie Laptops, Webanwendungen und elektronische Geräte wie Android und Smart-Devices.

Die aus dem Internet gewonnenen Daten wurden tabellarisch erfasst und analysiert, wie von der Software programmiert (Microsoft und Datenausstattungsanwendung mit Microsoft online)

4.2 Daten Analysiert den Trend zur Nutzung von Mobilgeräten in formalen und nicht-formalen Einrichtungen

Der Einfachheit und Klarheit halber, die bei der Untersuchung der in Abbildung 4.2 unten dargestellten Daten wirksam ist, wurde das Diagramm so gestaltet, dass es automatisch den Nutzungstrend von Mobil- und Kommunikationsgeräten in der globalen Gemeinschaft angibt.

Die Websites der Regierungen der USA, Deutschlands und Chinas sind keine Ausnahme von diesem Trend. Im Dezember 2016 entfielen 43 Prozent des gesamten Traffics auf mobile Geräte (Smartphones und Tablets), im Vergleich zu 36 Prozent im gleichen Zeitraum des Vorjahres. Wir sehen bereits das gleiche

4.2.1 Statistische grafische Erfassung der Nutzung von Mobilgeräten in formalen und nicht-formalen Bildungseinrichtungen

Trend vom Juni 2017 und er wird sich wahrscheinlich in der ersten Jahreshälfte 2018 beschleunigen.

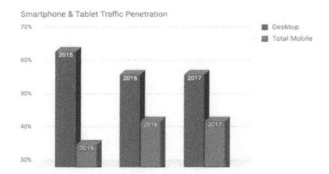

Trend zur Nutzung von Mobil- und Kommunikationsgeräten in der globalen Gemeinschaft

Quelle: www.google.com. Die Nutzung mobiler Geräte hat sich von 2015 bis 2016 verachtfacht, mit sehr hohen jährlichen Wachstumsraten, die in letzter Zeit bei rund 60 % pro Jahr lagen23. Dies übertrifft die Prognose der amerikanischen Fachzeitschrift für Informations- und Kommunikationstechnologie aus dem Jahr 2014, in der vorhergesagt wurde, dass die über Mobiltechnologie übertragenen Daten bis 2030 um das 27-fache steigen könnten, was einer jährlichen Wachstumsrate von 22 % entspricht24. Association of Information Technology Integration in Education (AITIE) 2017,

4.2.2 Statistische Daten zu Diagrammen/Details, die das Niveau der mobilen und

Integration von Kommunikationsgeräten in bestimmten Regionen

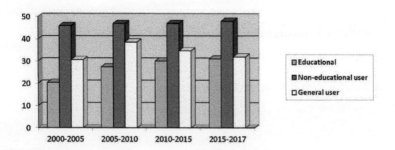

Der obige Trend zeigt den Grad der Integration der Nutzung mobiler Geräte in einer globalen Entwicklung (Quelle: Adeyemo Yusuf 2017 on Availability and Utilization of Mobile device)

4.3 Zusammenfassung der wichtigsten Ergebnisse

Die wichtigsten Ergebnisse lassen sich wie folgt zusammenfassen:

1. Die Studie hat gezeigt, dass das Wachstum von Mobil- und Kommunikationsgeräten rasant ist.

2. Die Studie zeigt auch, dass der Anteil der Desktop-Nutzung höher ist als der Anteil der Nutzung mobiler Geräte in der Kooperation entitle.

3. Die Studie zeigt auch, dass der Grad der Integration mobiler Technologiegeräte in Unternehmen im Vergleich zu Bildungseinrichtungen gering ist.

4. Die Studie gibt auch Aufschluss darüber, wie Organisationen, kooperierende und

nicht-kooperierende Unternehmen Mobil- und Kommunikationsgeräte in die globale

Gemeinschaft integrieren, und zwar mit Hilfe der obigen Grafik.

5. Aus der oben genannten Studie geht hervor, dass Schulen und Bildungseinrichtungen

ein geringes Maß an Integration/Innovation von Mobil- und Kommunikationsgeräten in

Schulsystemen aufweisen.

KAPITEL FÜNF

ZUSAMMENFASSUNG, VORHERRSCHENDER VORTEIL, EINSCHRÄNKUNGEN, LEITFADEN FÜR DIE EINFÜHRUNG MOBILER GERÄTE, SCHLUSSFOLGERUNGEN UND EMPFEHLUNGEN

5.1 Zusammenfassung

Die Forschung, die sich im Wesentlichen mit der Integration von Mobil- und Kommunikationsgeräten und Innovationen in formalen und nicht-formalen Bildungseinrichtungen befasst, zielt darauf ab, die Nutzung von Mobilgeräten zu vergleichen und herauszufinden, wie sie sich auf unsere Gesellschaft in Bezug auf das Entwicklungswachstum auswirkt, Bei der Betrachtung dieser Forschung wurden verschiedene Ursachen und Wege zur Lösung des Problems aufgezeigt, indem die Geschichte mobiler Geräte im Jahr 1960 dargelegt wurde. Das Ziel der Forschung ist es, den Grad der Integration mobiler Geräte und die Nutzung in formalen und nicht-formalen Bildungseinrichtungen zu ermitteln, um als Leitfaden für die effektive Durchführung der Forschung zu dienen, während die Antwort aus verschiedenen Forschungsarbeiten und Artikeln von Wissenschaftlern abgeleitet wurde,

Allerdings stoßen diese Forschungen auf verschiedene Herausforderungen, wenn es darum geht, Fakten zu erhalten und die Meinung der Wissenschaftler und Schriftsteller zu den Fakten zu aktualisieren.

In Kapitel zwei wurden die Konzepte, die mit der Studie zusammenhängen, erörtert, einschließlich des konzeptionellen Rahmens, des theoretischen Rahmens, der mobilen Geräte in der Bildung und einiger anderer damit zusammenhängender Fallstudien, und es wurde eine Zusammenfassung erstellt.

In Kapitel drei dieser Forschungsarbeit wird das Forschungsdesign analysiert; Forschungsformat und andere Diskussionsbereiche umfassen das Diagramm, die

Stichprobe und die Stichprobentechnik in der Studie sowie die Grundgesamtheit, die Instrumente, die Gültigkeit der Instrumente, die Zuverlässigkeit der Studie, usw.

Kapitel vier analysierte die Datenpräsentation und -analyse. Basierend auf den Ergebnissen wurde festgestellt, dass es notwendig ist, die Nutzung mobiler Geräte und deren Integration in die formale Einrichtung zu verbessern, und dass es notwendig ist, dass private Einrichtungen das Wachstum und die Entwicklung des Bildungswesens im Allgemeinen durch Zusammenarbeit unterstützen.

5.2 VORHERRSCHENDER VORTEIL DER AUFWERTUNG DER BILDUNGS- UND NICHT-BILDUNGSGESELLSCHAFT DURCH MOBIL- UND KOMMUNIKATIONSGERÄTE

1) . Sie unterstützt die Bildungsgesellschaft bei der Verwirklichung ihrer Ziele;

Schulen und Hochschulen in Afrika haben eher analoge als digitale Verwaltungsaufgaben, während E-Education mit der Einführung von Informations- und Kommunikationsgeräten, die ein Software-Klon sind, einfachere und freundlichere Verwaltungsaufgaben ermöglicht.

2) . es sorgt für eine höhere Qualität der ausgebildeten Lernenden und Lehrenden;

E-education hilft den Lehrern, in ihrem Fachgebiet auf dem Laufenden zu bleiben, indem sie ihre Ausbildung und ihr erworbenes Wissen verbessern.

3) . seine Hilfe zur Selbstständigkeit und zu unternehmerischen Fähigkeiten:

Studenten mit E-Education sind selbständig und unternehmerisch in verschiedenen Fähigkeiten der Informations- und Kommunikationstechnologie Innovation.

4) . es motiviert sowohl die Lehrenden als auch die Lernenden zum akademischen Fortschritt.

Der Einsatz von Mobil- und Kommunikationsgeräten für das Lehren und Lernen verbessert die Aktivitäten von Lehrern und Schülern im Lehr- und Lernprozess, indem sie den Prozess realitätsnah gestalten (so dass Lernen und Lehren real aussehen).

5.3 BESCHRÄNKUNGEN

1) . **das Fehlen von Computern und elektronischen Geräten für den Unterricht,**

In einigen Teilen Afrikas werden immer noch analoge Lehrmethoden verwendet, was sich auf das Bildungsniveau und die Entwicklung der Kinder in Afrika auswirkt.

B) . **fehlende Ausbildungs- und Fortbildungsseminare für Lehrer,**

Es ist in den meisten Teilen der Welt zu beobachten, dass die Lehrer hinter dem Schema des pädagogischen Konzepts zurückbleiben, weil die Lehrer nicht gesponsert werden, um sich einem Ausbildungs- und Umschulungsprozess zu unterziehen, und wenn sie hinter der Aktualisierung des Wissens zurückbleiben, wirkt sich dies auf die Lehrmethode aus, was sich später auf die zu unterrichtenden Schüler zurückwirkt.

C) In unserer heutigen Gesellschaft wird meist beobachtet, dass **es an Geld mangelt**. Die Schulen werden hauptsächlich von der Regierung finanziert, während private Unternehmen sich um die Entwicklung des Personals und den Fortschritt des Unternehmens kümmern, Sprichwort; Keine Nation, Entwicklung ohne Bildung

D) . **Faulheit Höhe der Lehrer,** hat die Regierung nicht zu ermutigen, Lehrer in den meisten der Teil des Wortes, indem sie die niedrigsten Einkommen, die später zu ihrer Faulheit und Gesang Höhe gegenüber ihrem Beruf zu übersetzen bezahlt.

Diese oben genannte Einschränkung wurde aus meiner früheren Forschung über "Verfügbarkeit und Nutzung mobiler Technologiegeräte" abgeleitet **ISBN** 978-620-206028-8

HERAUSGEGEBEN VON LAMBERT ACADEMIC PUBLISHING, DEUTSCHLAND,

5.4 LEITFADEN FÜR DIE ERFOLGREICHE EINFÜHRUNG DER INTEGRATION VON MOBILFUNK UND KOMMUNIKATION IN DAS LERNEN IN AFRIKA

1. Obligatorische Einführung des Fachs Computer von der Grundschule bis zur Hochschule.

2. Vorbereitung des Bildungsumfelds auf die Einführung der Informations- und Kommunikationstechnologie.

3. Finanzierung von e-education auf allen Bildungsebenen.

4. Zu den weiteren Aspekten gehören die Vermittlung von Kenntnissen, die Klarheit des Fachgebiets durch die Schüler, die Anerkennung des Computers als wertvolles Hilfsmittel und Kenntnisse in der Wartung von Hardware und Software.

5. Schulung und Umschulung von Lehrkräften im Hinblick auf die globale Aktualisierung der IKT.

5.5 SCHLUSSFOLGERUNG;

E-education bietet eine große Herausforderung für die Umwelt und gesellschaftliche Reformen durch den Einsatz von I.C.T.-Geräten, indem alle Formen des Lernens und Lehrens in die Geräte und Gadgets integriert werden und auch die Qualität des Unterrichts und der Bildungsreform sowohl für die Lehrer als auch für die Lernenden verbessert wird, trotz der Rückschläge in der E-education in Afrika.

Das Afrika des 21.th Jahrhunderts sollte in der Lage sein, sich eines Bildungsmechanismus mit innovativen Idealen und technologischer Antriebskraft des Personals zu rühmen, die Entwicklung im Bereich Bildung und e-Training in den afrikanischen Ländern sollte mit der Entwicklung der e-Technologie Schritt halten.

5.6 EMPFEHLUNG;

Auf der Grundlage der Ergebnisse dieser Studie empfiehlt sie Folgendes:

1. Die afrikanischen Regierungen sollten angemessene Mittel für die Aus- und Fortbildung von Lehrern im Bereich der e-Education bereitstellen.

2. Die afrikanischen Regierungen sollten den Kauf und die Einführung von Hard- und Software für Bildungszwecke fördern, denn E-Technologie ist eine Investition in die Entwicklung Afrikas und nicht billig.

3. Die Regierung und die zuständigen Gremien in Schulen, Hochschulen und Universitäten sollten das Lernen der Schüler verbessern, indem sie ihnen zu Beginn ihrer Einschreibung in verschiedene Studiengänge e-technologische Geräte zur Verfügung stellen.

4. Die Regierung und die zuständigen Stellen sollten die Schüler ermutigen und ihnen die Möglichkeit geben, Fakten durch elektronische Medien zu entdecken.

5. Lehrkräfte und Tutoren sollten den Einsatz von Multimedia-Geräten als Lernmittel bei ihren Schülern fördern.

6. Die Lehrkräfte sollten den Lern- und Lehrprozess durch den Einsatz von E-Medien interaktiver gestalten.

7. Die Regierung sollte das Lehr- und Lernumfeld so gestalten, dass es der E-

Technologie förderlich ist.

8. Die afrikanische Regierung sollte die Nutzung der Informations- und Kommunikationstechnologie in den Schulen finanzieren, und die Ergebnisse sollten der Regierung zur angemessenen Bewertung vorgelegt werden.

9. Die Schulen in Afrika sollten internationale und lokale Organisationen um Unterstützung bei der Bildung bitten, um die Belastung der Regierung zu verringern und das Bildungssystem zu verbessern.

10. Die Informations- und Kommunikationstechnologie sollte in den Schulen vollständig eingeführt werden.

Referenzen

Agyei, A. & Voogt, I. (2011). IKT-Einsatz im Mathematikunterricht: Implikationen für die berufliche Entwicklung von Lehrern im Vorbereitungsdienst in Ghana. *Educational Information Technologies. 16:* 423 - 439.

Baran, E. (2014). Ein Überblick über die Forschung zum mobilen Lernen in der Lehrerausbildung. *Educational Technology & Society, 17(4), 17-32.*

Bowen, K. und Matthew, D. P. (2012). "Student Preferences For Mobile App Usage" (Forschung

Bulletin). Louisville, CO: EDUCAUSE Center for Applied Research, 25. September 2012, verfügbar unter http://www.educause.edu/ecar.

Christianne, L.G. (2013). Entwicklung von mobilem Lernen mit der Android-Plattform. *Internationale Zeitschrift für Informationstechnologie und Computerwissenschaft (IJITCS)*

(ISSN-Nr.: 2091-1610).

Craig, T. und Van Lom, M. (2014). Auswirkungen konstruktivistischer Lerntheorie und mobiler

Integration von Technologien. Online verfügbar: /www.boisestate.edu/edutechtheories/system

Danner, R. B. & Pessu, C.O. (2013). Eine Untersuchung der IKT-Kompetenzen von Schülern in

Lehrervorbereitungsprogramme an der Universität von Benin, Benin City, Nigeria. *Zeitschrift*

der Informationstechnologie-Ausbildung

www.InformingScience.org JITEv12ForschungP033-049Danner1160.pdf

Gunadevi K. J. S & Raja Nor S. R. (2013). Die Einführung mobiler Technologie in höheren

Bildung: Schülervorstellungen zum Englischlernen mit Hilfe von Smart Phones.

International Journal of Asian Social Science, 2013, 3 (9) : 2084-2089

Verfügbar:http://www.aessweb.com/journal-detail.php?id=5007

Ilomaki,. L. (2008). Die Auswirkungen von IKT auf die Schule: Perspektiven von Lehrern und Schülern.

Verfügbar unter http www.icttools.org

Indira, M.M. (2015). Blended Learning: The Perceptions of Postgraduates in Malaysia Higher Education Institution (HEI). Zeitschrift für Studien in Management und Planung Verfügbar unter http://internationaljournalofresearch.org

Galbreath, J. (2000). Wissensmanagement-Technologie im Bildungswesen. An overview. Bildungstechnologie, 40 (5), 28-33. Ungenutzte Informationstechnologie im Bildungswesen (2003), abgerufen

Januar 3rd , 2004 von http://www.mff.orQ/edtech artlr.com.

Kirschner, P &Woperies, I. G. J. H (2003).Mindstools für Lehrergemeinschaften, Eine europäische Perspektive (elektronische Version). Technologie, Pädagogik und Bildung, 12 (1), 127-149. R

Rufen Sie den 23. Dezemberrd 2004 von www.triangle.co.uk/jit/ ab.

Milken Exchange-ort Education Technology (1A 99).Werden neue Lehrer auf den Unterricht im digitalen Zeitalter vorbereitet sein?

Santa Monica: Milken Family Foundation. Abruf 2003 Januar 13 thvonwww.mmf.org/pup

Selinger, M. & Austin, R. (2003). Ein Vergleich des Einflusses der Regierungspolitik auf die Informations- und Kommunikationstechnologie für die Lehrerausbildung in England und Nordirland (elektronische Version) Technologie, Pädagogik und Bildung, 12 (1) 127-149. Abgerufen am 23. Dezemberrd 2003 aus dem Archiv der Landesregierung www.triangle.co.uk/tit/.

Yusuf M O & Onansaya S (2006). Informations- und Kommunikationstechnologie und Lehre im tertiären Sektor. In E AOgunsakin (Ed). Teaching in tertiary institution 67-77.

Yusuf M O (2008). Informations- und Kommunikationstechnologie, Neue Dimensionen für die Entwicklung von Programmierung der Lehrerausbildung Nigeria, Nigeria jounal of computer literacy. 4 (1-2)

Abimbola. I O &AboladeAO (2009) Fundamental Principle and Practices of instruction, innovative in teaching/learning ,20 (1) 229-236.

Collins B.&Mooen .J. (2000), Flexible learning in global world: Erfahrung und Erwartung London konga Seite

Wikipedia - Bildungstechnologie und Innovation www.wikipedia-tech.com

Abinbola. I.O (2006) Die Rolle des Computers in der Bildung: Nationale Zeitschrift für technische Bildung 5.(1-2)27

9 786208 133092